José Maréchal

crème brûlée

Verführerisches Geheimnis
der französischen Küche

Fotos von Charlotte Lascève

rezeptverzeichnis

klassisch oder verspielt

klassische crème brûlée (3 grundrezepte) 8

crème catalane 10

vanillecreme mit spekulatius 12

quarkcreme 14

nougatcreme...16

diplomatencreme 18

gefrorene crème brûlée 20

crème brûlée mit foie gras...............................22

crème brûlée mit möhren und orange 24

zuckerrüben-crème-brûlée mit himbeeren 26

crème brûlée mit grünem tee und sesam 28

aromatisch

zitronen-bergamotte-creme............................. 30

crème brûlée mit zitronenverbene...................... 32

crème brûlée mit lindenblüten 32

crème brûlée mit thymian 33

crème brûlée mit honig und rosmarin 33

gewürzt oder exotisch

crème brûlée mit kandiertem ingwer 34

crème brûlée »indisch« 36

kokosmilch-crème-brûlée
mit passionsfrucht 38

crème brûlée mit rumrosinen 40

fruchtig

crème brûlée mit frischem obst 42

apfel-crème-brûlée..................................... 44

crème brûlée mit feigen und trauben....................... 46

maronen-crème-brûlée 48

honig-crème-brûlée mit grapefruit 50

zitronengras-crème-brûlée mit erdbeeren............. 52

schokolade, kaffee oder karamell

nuss-nougat-crème-brûlée................................. 54

crème brûlée mit orangenlikör
und weißer schokolade 56

dreierlei schokoladencreme............................. 58

pistaziencreme mit schokoladensauce....................60

minzecreme mit knusperschokolade....................... 62

crème brûlée mit karamellbonbons 64

crème brûlée mit zichorie 66

espressocreme 68

crème brûlée mit salzigem karamell..................... 70

garen und karamellisieren

GAREN

In meinen Rezepten empfehle ich eine Temperatur von 95 °C, obwohl 100 °C die ideale Gartemperatur für eine Crème brûlée wäre. Da aber die Temperaturanzeige an Herden oft ungenau ist und die Temperatur teilweise extremen Schwankungen unterliegt, empfehle ich lieber ein paar Grad weniger. Denn eine Temperatur von mehr als 100 °C könnte Ihren Cremes schaden. Die Crème brûlée darf – genau wie eine Englische Creme – nicht kochen, denn das Stocken erfolgt einzig durch die Bindung mit Eigelb. Wenn Sie sich also nicht ganz sicher sind, ob Ihr Ofen genau ist, verringern Sie vorsichtshalber die Temperatur oder behelfen Sie sich mit einem Backofenthermometer.

Füllen Sie eine Fettpfanne halb mit Wasser und garen Sie Ihre Crème brûlée im Wasserbad. In Rezepten ohne diese Angabe, können Sie die Cremes auch ohne Wasserbad auf das Blech in den Ofen stellen. Die Creme ist fertig, wenn sie gestockt ist und sich eine weiße Haut gebildet hat. Die Haut sollte aber nicht braun werden.

KARAMELLISIEREN

1 · GASBRENNER: Dieses »Taschenwerkzeug« ist unbestritten am praktischsten. Es ermöglicht eine einheitliche und schnelle Bräunung des Karamells, Ihre Creme bleibt so im Inneren fest und kalt. Der Gasbrenner funktioniert mit Feuerzeuggas-Nachfüllpatronen, die in Tabakgeschäften erhältlich sind.

2 · BACKOFENGRILL: Den Backofengrill vorheizen, die Cremes mit Zucker bestreuen, in eine halb mit kaltem Wasser gefüllte Fettpfanne stellen, unter den Backofengrill schieben und aufmerksam überwachen. Die Schalen gelegentlich drehen, damit der Karamell gleichmäßig bräunt.

3 · KARAMELLISIER-EISEN: Das Eisen ist ein Relikt alter Küchentechnik. Die ersten Crème brûlées stammen aus dem 17. Jahrhundert. Dieses Werkzeug hat die Jahre überdauert und wird heute noch in gehobenen Häusern verwendet. Der Duft des rauchenden Karamells und seine unregelmäßigen Muster wecken bei jedem Franzosen Kindheitserinnerungen ... es ist das Erbe der Großmütter, die Ihre Familien damit verwöhnten. Achten Sie darauf, nur Förmchen zu wählen, die dem Eisen im Durchmesser entsprechen.

die milch ...

KUHMILCH

Vollmilch oder fettarme Milch, mit mehr oder weniger frischer Sahne kombiniert, soll ihre Creme leichter machen, besonders wenn sie noch Produkte wie Nuss-Nougat-Creme oder Karamellbonbons enthält.

SOJAMILCH

Aus Sojabohnen hergestellt und relativ gehaltvoll, kann Sojamilch als Milchersatz für viele Rezepte anstelle von Kuhmilch verwendet werden, so auch für Crème brûlée.

KOKOSMILCH

Kokosmilch wird durch Zerstampfen des Kokosnuss-Fruchtfleischs mit kochendem Wasser hergestellt. Sie ist nicht zu verwechseln mit dem in der Frucht enthaltenen Kokoswasser. Ich empfehle die Verwendung von flüssiger Kokosmilch aus der Dose, da Kokospulver meist von weniger guter Qualität ist. Mit ihrem hohen Fettgehalt sollte Kokosmilch nicht kombiniert mit Sahne, sondern alleine verwendet werden.

MANDEL- ODER PISTAZIENMILCH

Da beide schwer erhältlich sind, hier ein Tipp, um sie selbst herzustellen:
· Frisch geschälte und gemahlene Mandeln oder Pistazien mit Wasser in einen Küchenmixer geben.
· Die Masse gut durchmixen.
· Masse durch ein Haarsieb streichen und die Milch dabei auffangen.

Für Ihre Crème-brûlée-Rezepte können Sie auch geschälte, fein gemahlene Mandeln oder Pistazien in Sahne oder heißer Milch ziehen lassen.

der zucker ...

ZUCKER IN DER CREME

Für die Creme verwenden Sie am besten feinen Kristallzucker bzw. Kastor- oder Instantzucker, der sich schnell auflöst. Kastorzucker hat feinere Kristalle als der herkömmliche weiße Haushaltszucker (dieser knirscht sonst zwischen den Zähnen). Sie können aber auch Puderzucker verwenden, den Sie durch ein feines Sieb streichen, damit er gleichmäßig fein ist. Beide Zuckerarten lösen sich gut auf und sind deshalb bestens geeignet, mit dem Eigelb cremig verrührt zu werden. Achten Sie darauf, dass in der Eigelb-Zucker-Mischung keine Klümpchen sind, sonst haben Sie diese später auch in Ihrer Creme.

ZUCKER AUF DER CREME

Dafür eignet sich sowohl weißer Raffinadezucker als auch braune Zuckerarten, die etwas kräftiger im Geschmack sind: Farinzucker, Demerara-Zucker und Rohrzucker bzw. Rohrohzucker (auch Muskovade, in Frankreich als »Vergeoise« bezeichnet) sowie Vollrohrzucker. »Vergeoise« ist in den Küchen Belgiens und Nordfrankreichs eine beliebte Zutat. Nur beim Vollrohrzucker handelt es sich um einen nicht raffinierten Zucker (in Frankreich »Cassonade« genannt), er besitzt das intensivste Aroma und ergibt die dunkelste Färbung, sein spezieller Geschmack ist aber nicht bei allen Rezepten erwünscht. Alle anderen braunen Zucker sind raffiniert und entweder mit Sirup oder Melasse versetzt, damit sie eine braune Farbe erhalten.

Weißer wie brauner Zucker lassen sich gut karamellisieren und es ist letztendlich dem Geschmack des Patissiers überlassen, für welchen er sich entscheidet.

klassische crème brûlée · 3 grundrezepte

1 – DELIKAT UND LEICHT
(etwa 15 Minuten längere Garzeit
   für dieses Rezept)
1/2 Vanillestange
120 ml Milch, heiß
4 Eigelbe
70 g feiner Zucker
350 ml Sahne/Rahm, kalt
60 g brauner Rohrzucker

2 – SÜSS, ETWAS FÜR SCHLEMMER
1/2 Vanillestange
100 ml Milch, heiß
5 Eigelbe
90 g feiner Zucker
350 ml Sahne/Rahm, kalt
60 g brauner Rohrzucker

3 – SEIDIG UND NOCH CREMIGER
1/2 Vanillestange
500 ml Sahne/Rahm
5 Eigelbe
70 g feiner Zucker
60 g brauner Rohrzucker

zubereitung

Die Vanillestange der Länge nach aufschneiden, das Mark herausschaben, in die Milch geben (250 ml Sahne für Rezept Nr. 3 nehmen) und in einem Topf bei kleiner Hitze kurz aufkochen.

Inzwischen die Eigelbe und den Zucker in einer Schüssel cremig rühren.

Die kalte Sahne einrühren (für Rezept 3: die restlichen 250 ml) und gut mischen.

Nun die heiße Milch zugießen (für Rezept 3: die heiße Sahne) und alles gut verrühren.

Die Creme mindestens 2 Stunden in einer Schüssel im Kühlschrank ruhen lassen.

garen

Den Backofen auf 95 °C vorheizen (siehe Garen S. 4).

Die Creme vorsichtig in kleine feuerfeste Porzellan- oder Keramikförmchen verteilen, nebeneinander in die halb mit Wasser gefüllte Fettpfanne in den Ofen stellen. Cremes je nach Größe der Förmchen 60–75 Minuten garen. Die Cremes sind fertig, wenn sie gestockt sind und sich eine helle Haut gebildet hat. Leicht abkühlen lassen und in den Kühlschrank stellen.

karamellisieren

Vor dem Servieren die Cremes gleichmäßig mit braunem Rohrzucker bestreuen und mit einem Gasbrenner karamellisieren (siehe Karamellisieren S. 4).

crème catalane

500 ml Milch
1 Zimtstange
   (oder 2 Prisen Zimtpulver)
1 Zitronenzeste
4 Eigelbe
125 g feiner Zucker
20 g Speisestärke
60 g brauner Rohrzucker

zubereitung und garen

In einem Topf Milch, Zimt und Zitronenzeste bei kleiner Hitze kurz aufkochen.

Inzwischen in einer Schüssel Eigelbe und Zucker cremig rühren, dann die Speisestärke unterrühren.

Die heiße Milch durch ein feines Sieb in die Eigelb-Zucker-Mischung gießen, das Ganze gut vermengen.

Die Creme wieder zurück in den Topf geben und bei kleiner Hitze weiterrühren, bis sie eindickt. Die heiße Creme dann vorsichtig in kleine Porzellan- oder Keramikförmchen verteilen.

Die Crème catalane mindestens 2 Stunden kühl stellen.

karamellisieren

Vor dem Servieren die Creme mit braunem Rohrzucker bestreuen und mithilfe des Gasbrenners karamellisieren (siehe Karamellisieren S. 4).

vanillecreme mit spekulatius

1/2 Vanillestange
120 ml Milch
4 Eigelbe
70 g feiner Zucker
350 ml Sahne/Rahm, kalt
4–6 Spekulatius

zubereitung

Die Vanillestange der Länge nach aufschneiden, das Mark herausschaben, in die Milch geben und in einem Topf bei kleiner Hitze kurz aufkochen.

Inzwischen in einer Schüssel Eigelbe und Zucker cremig rühren. Die kalte Sahne dazugießen und gut mischen. Anschließend die heiße Milch zugießen und alles gut verrühren.

In einer Schüssel mindestens 2 Stunden im Kühlschrank ruhen lassen.

garen

Den Backofen auf 95 °C vorheizen (siehe Garen S. 4).

Die Creme vorsichtig in kleine feuerfeste Porzellan- oder Keramikförmchen verteilen. Auf jede Creme behutsam einen Spekulatius legen. Cremes je nach Größe der Förmchen 60–75 Minuten im Ofen garen. Die Cremes sind fertig, wenn sie gestockt sind und sich eine helle Haut gebildet hat. Leicht abkühlen lassen und in den Kühlschrank stellen.

Vor dem Servieren mindestens 1 Stunde in den Kühlschrank stellen.

quarkcreme

Schale von ½ Bio-Limette
250 ml Milch
3 Eigelbe
60 g feiner Zucker
50 g Mascarpone
150 g Quark- oder Schichtkäse

zubereitung

Limettenschale fein hacken. In einem Topf Milch und Limettenschale bei kleiner Hitze kurz aufkochen.

Inzwischen die Eigelbe und den feinen Zucker in einer Schüssel cremig rühren. Mit einem Schneebesen Mascarpone und Frischkäse einrühren. Anschließend die heiße Milch darübergießen und alles gut vermischen. Mindestens 2 Stunden im Kühlschrank ruhen lassen.

garen

Den Backofen auf 95 °C vorheizen (siehe Garen S. 4).

Die Creme vorsichtig in kleine feuerfeste Porzellan- oder Keramikförmchen verteilen und in eine halb mit Wasser gefüllte Fettpfanne stellen. Je nach Größe der Förmchen die Cremes im Wasserbad 60–75 Minuten garen.
Sie sind fertig, wenn sie gestockt sind und sich eine helle Haut gebildet hat. Leicht abkühlen lassen und bis zum Servieren in den Kühlschrank stellen. Eventuell mit Blätterteig-Schweinsöhrchen servieren (siehe Abbildung).

nougatcreme

KROKANT
40 g feiner Zucker
75 g Honig
50 g Pistazien
50 g Mandeln
50 g Haselnüsse

CREME
300 ml Milch
30 g Honig
160 g weißer Nougat
200 ml Sahne / Rahm
5 Eigelbe

zubereitung krokant

In einem Topf Zucker, Honig und etwas Wasser (das Wasser muss den Zucker gerade bedecken) bei mittlerer Hitze ohne Rühren kochen. Inzwischen die Kerne und Nüsse im Mixer grob zerhacken.

Sobald sich die Zuckermischung verfärbt, den Karamell leicht umrühren, sodass sich eine homogen Masse bildet, dann die gehackten Nüsse und Kerne hinzufügen.

Die Karamellmasse vom Herd nehmen, auf ein leicht gefettetes Backpapier geben und so dünn wie möglich verstreichen. Auf Zimmertemperatur abkühlen lassen. Krokant mithilfe eines Nudelholzes in kleine Stückchen brechen und anschließend im Mixer zu Bröseln verarbeiten.

zubereitung creme

Milch, Honig und den klein geschnittenen weißen Nougat bei kleiner Hitze in einem Topf kurz aufkochen. Alles gut mischen. Den Topf vom Herd nehmen, erst die Sahne zugießen und anschließend die Eigelbe unterrühren. In einer Schüssel mindestens 2 Stunden im Kühlschrank ruhen lassen.

garen

Den Backofen auf 95 °C vorheizen (siehe Garen S. 4).

Die Creme vorsichtig in kleine feuerfeste Porzellan- oder Keramikförmchen verteilen und in den Backofen stellen. Die Cremes je nach Größe der Förmchen 60–75 Minuten garen. Die Cremes sind fertig, wenn sie gestockt sind und sich eine helle Haut gebildet hat. Leicht abkühlen lassen und in den Kühlschrank stellen.

Vor dem Servieren jede Schale mit Krokant bestreuen.

diplomatencreme

¹/₂ Vanillestange
400 ml Milch
100 ml Sahne/Rahm
2 Eigelbe
1 Ei
75 g feiner Zucker
80 g Brioche (leicht
   gesüßtes Hefebrot)
100 g kandierte Früchte, gewürfelt
80 g Korinthen
Ahornsirup oder flüssiger
   Karamell nach Geschmack

zubereitung

Die Vanillestange der Länge nach aufschneiden, das Mark herausschaben. Vanillemark mit Milch und Sahne in einem Topf bei kleiner Hitze kurz aufkochen.

Inzwischen Eigelbe, Ei und Zucker in einer Schüssel cremig rühren. Die heiße Milchsahne darübergießen und gut durchrühren, sodass sich alle Zutaten gut verbinden.

garen

Den Backofen auf 150 °C vorheizen.

Brioche in kleine Würfel schneiden und mit den kandierten Früchten und den Korinthen in feuerfeste Förmchen verteilen. Die Vanillecreme darübergießen und die Förmchen in eine halb mit Wasser gefüllte Fettpfanne stellen. Die Cremes je nach Größe der Förmchen im Wasserbad 25–35 Minuten im Ofen garen. Wenn die Cremes gegart und leicht abgekühlt sind, bis zum Servieren in den Kühlschrank stellen.

karamellisieren

Kurz vor dem Servieren können Sie die Cremes nach Geschmack mit Ahornsirup oder flüssigem Karamell überziehen – sie werden noch köstlicher schmecken!

gefrorene crème brûlée

¹/₂ Vanillestange
500 ml Sahne/Rahm
6 Eigelbe
80 g Puderzucker
60 g Vollrohrzucker

zubereitung

Die Vanillestange der Länge nach aufschneiden, das Mark herausschaben, mit 250 ml Sahne in einem Topf bei kleiner Hitze kurz aufkochen.

Inzwischen Eigelbe und durchgesiebten Puderzucker in einer Schüssel cremig rühren. Die restliche kalte Sahne zugießen und alles gut vermischen. Anschließend die heiße Sahne zugießen und alles verrühren. In einer Schüssel mindestens 2 Stunden im Kühlschrank ruhen lassen.

garen

Den Backofen auf 95 °C vorheizen (siehe Garen S. 4).

Die Creme in kleine feuerfeste Porzellan- oder Keramikförmchen verteilen und nebeneinander in den Backofen stellen. Die Cremes je nach Größe der Förmchen 60–75 Minuten garen. Die Cremes sind fertig, wenn sie gestockt sind und sich eine helle Haut gebildet hat. Leicht abkühlen lassen und 2–3 Stunden in den Gefrierschank stellen.

karamellisieren

Die tiefgefrorenen Cremes ca. 15 Minuten vor dem Servieren aus dem Gefrierschrank nehmen. Den Förmchenboden kurz in heißes Wasser tauchen und mit einem angefeuchteten Messer innen am Förmchenrand entlangfahren, um die Creme zu lösen. Die Cremes sofort stürzen, in Vollrohrzucker wenden und den Zucker etwas andrücken.

Die Cremes auf Desserttellern anrichten und mit einem Gasbrenner gleichmäßig karamellisieren.

crème brûlée mit foie gras

200 ml Milch
200 g frische Foie gras
200 ml Sahne/Rahm, kalt
4 Eigelbe
2 Prisen Salz
1 TL feiner Zucker
2 Prisen Quatre-Èpices-
    Gewürzmischung*
1 EL Portwein
60 g brauner Rohrzucker

....

* Eine typische Quatre-Èpices-Gewürz-mischung kann aus folgenden Zutaten beste-hen: 5 Teile schwarzer Pfeffer oder Piment, 2 Teile geriebene Muskatnuss, 1 Teil Nelke und 1 Teil getrockneter Ingwer bzw. Ingwer-pulver.

zubereitung

In einem Topf die Milch bei kleiner Hitze kurz aufkochen.

Inzwischen die Foie gras in Würfel schneiden und im Mixer mit kalter Sahne, Eigelben, Salz, dem feinen Zucker, der Gewürzmischung und dem Portwein fein pürieren.

Anschließend die heiße Milch zugießen und erneut durchmixen, um das Ganze gut zu vermengen.

Die Foie-gras-Creme durch ein feines Sieb in eine Schüssel streichen und mindestens 2 Stunden im Kühlschrank ruhen lassen.

garen

Den Backofen auf 95 °C vorheizen (siehe Garen S. 4).

Die Creme behutsam in kleine feuerfeste Porzellan- oder Keramikförm-chen verteilen und nebeneinander in den Ofen stellen. Die Cremes je nach Größe der Förmchen 30–40 Minuten garen. Die Cremes sind fertig, wenn sie gestockt sind und sich eine helle Haut gebildet hat. Leicht ab-kühlen lassen und in den Kühlschrank stellen.

karamellisieren

Vor dem Servieren die Cremes gleichmäßig mit braunem Rohr-zucker bestreuen und mit einem Gasbrenner karamellisieren (siehe Karamellisieren S. 4).

crème brûlée mit möhren und orange

250 g gekochte Möhren
300 ml Sahne/Rahm
200 ml Orangensaft
6 Eigelbe
75 g feiner Zucker
60 g brauner Rohrzucker

zubereitung

Die gekochten Möhren in Scheiben schneiden. Mit einem Küchenmixer oder Pürierstab mit der Sahne pürieren und beiseitestellen.

In einem Topf den Orangensaft bei kleiner Hitze kurz aufkochen.

Inzwischen Eigelbe und den feinen Zucker in einer Schüssel cremig rühren. Die Möhren und den heißen Orangensaft zur Eigelb-Zucker-Mischung geben und das Ganze gut vermischen.

Die Creme in einer Schüssel mindestens 2 Stunden im Kühlschrank ruhen lassen.

garen

Den Backofen auf 95 °C vorheizen (siehe Garen S. 4).

Die Creme behutsam in feuerfeste Porzellan- oder Keramikförmchen verteilen und nebeneinander in den Ofen stellen. Die Cremes je nach Größe der Förmchen 60–75 Minuten garen. Die Cremes sind fertig, wenn sie gestockt sind und sich eine helle Haut gebildet hat. Leicht abkühlen lassen und in den Kühlschrank stellen.

karamellisieren

Vor dem Servieren die Cremes gleichmäßig mit braunem Rohrzucker bestreuen und mit einem Gasbrenner karamellisieren (siehe Karamellisieren S. 4).

zuckerrüben-crème-brûlée mit himbeeren

90 g gekochte Zuckerrüben
250 ml Sahne/Rahm
60 g Himbeeren (frisch oder TK)
150 ml Milch
6 Eigelbe
50 g feiner Zucker
60 g brauner Rohrzucker

zubereitung

Die Zuckerrüben schälen und in Würfel schneiden. Im Küchenmixer oder mit dem Pürierstab mit der Sahne und den Himbeeren durchmixen und beiseitestellen.

Die Milch in einem Topf bei kleiner Hitze kurz aufkochen. Inzwischen die Eigelbe und den feinen Zucker in einer Schüssel cremig rühren.

Die Zuckerrüben-Himbeer-Masse in die Eigelb-Zucker-Mischung rühren. Anschließend die heiße Milch hinzugießen und gut vermischen, bis sich alle Zutaten verbunden haben.

Die Creme durch ein feines Sieb streichen und in einer Schüssel mindestens 2 Stunden im Kühlschank ruhen lassen.

garen

Den Backofen auf 95 °C vorheizen (siehe Garen S. 4).

Die Creme behutsam in feuerfeste Porzellan- oder Keramikförmchen verteilen und nebeneinander in den Backofen stellen. Die Cremes je nach Größe der Förmchen 60–75 Minuten garen. Die Cremes sind fertig, wenn sie gestockt sind und sich eine helle Haut gebildet hat. Leicht abkühlen lassen und in den Kühlschrank stellen.

karamellisieren

Vor dem Servieren die Cremes gleichmäßig mit braunem Rohrzucker bestreuen und mit einem Gasbrenner karamellisieren (siehe Karamellisieren S. 4).

crème brûlée mit grünem tee und sesam

120 ml Milch
350 ml Sahne/Rahm
5 Teebeutel grüner Tee
5 Eigelbe
120 g feiner Zucker
30 g brauner Rohrzucker
50 g schwarzer Sesam

zubereitung

Milch und Sahne mit den Teebeuteln in einem Topf bei kleiner Hitze kurz aufkochen, vom Herd nehmen und einige Minuten ziehen lassen.

Inzwischen die Eigelbe und 90 g feinen Zucker in eine Schüssel geben und cremig rühren.

Die heiße Sahne durch ein Sieb in die Eigelb-Zucker-Mischung gießen und gut verrühren.

Die Creme in einer Schüssel mindestens 2 Stunden im Kühlschrank ruhen lassen.

garen

Den Backofen auf 95 °C vorheizen (siehe Garen Seite 4).

Die Grüntee-Cremes behutsam in feuerfeste Porzellan- oder Keramikförmchen verteilen und nebeneinander in den Backofen stellen. Je nach Größe der Förmchen 60–75 Minuten garen. Die Cremes sind fertig, wenn sie gestockt sind und sich eine helle Haut gebildet hat. Leicht abkühlen lassen und in den Kühlschrank stellen.

karamellisieren

Den Sesam in einer Pfanne mit 30 g feinem Zucker leicht karamellisieren.

Vor dem Servieren die Cremes teilweise mit braunem Rohrzucker bestreuen (siehe Foto) und dort mit einem Gasbrenner karamellisieren (siehe Karamellisieren S. 4). Zum Servieren mit dem karamellisierten Sesam garnieren.

zitronen-bergamotte-creme

Schale von 1 Bio-Zitrone
300 ml Sahne / Rahm
100 ml Milch
10 ml Bergamotte-Aroma
3 Eigelbe
50 g feiner Zucker

zubereitung

Die Zitronenschale fein hacken. Sahne, Milch, Zitronenschale und Bergamotte-Aroma in einem Topf bei kleiner Hitze kurz aufkochen.

Inzwischen die Eigelbe mit dem Zucker in eine Schüssel geben und cremig rühren.

Die heiße Milch durch ein feines Sieb in die Eigelb-Sahne-Mischung gießen und alles gut verrühren.

Die Creme in einer Schüssel mindestens 2 Stunden im Kühlschrank ruhen lassen.

garen

Den Backofen auf 95 °C vorheizen (siehe Garen S. 4).

Die Zitronen-Bergamotte-Creme behutsam in feuerfeste Porzellan- oder Keramikförmchen verteilen und nebeneinander in den Backofen stellen. Je nach Größe der Förmchen 60–75 Minuten garen. Die Cremes sind fertig, wenn sie gestockt sind und sich eine helle Haut gebildet hat. Leicht abkühlen lassen und in den Kühlschrank stellen.

Für 4–6 Portionen (pro Rezept) · Zubereitungszeit 15 Minuten · Garzeit 60–75 Minuten · 2–3 Stunden kühl stellen

CREME MIT ZITRONENVERBENE

120 ml Milch · 350 ml Sahne/Rahm
6 Teebeutel Zitronenverbene
(Verveine)
5 Eigelbe · 90 g feiner Zucker
60 g brauner Rohrzucker

1 – Für jedes Rezept Milch und Sahne mit den jeweiligen Teebeuteln oder Kräuterzweigen in einem Topf bei kleiner Hitze kurz aufkochen (für das Honig-Rosmarin-Rezept auch den Honig), vom Herd nehmen und einige Minuten ziehen lassen.

CREME MIT LINDENBLÜTEN

120 ml Milch · 350 ml Sahne/Rahm
8 Teebeutel Lindenblüten
5 Eigelbe · 90 g feiner Zucker
60 g brauner Rohrzucker

2 – Inzwischen Eigelbe und den feinen Zucker in einer Schüssel cremig rühren. Die heiße Milchsahne durch ein feines Sieb in die Eigelb-Zucker-Mischung gießen und alles gut vermischen. Die Creme in einer Schüssel für mindestens 2 Stunden im Kühlschrank ruhen lassen.

Thym

CREME MIT THYMIAN

120 ml Milch · 350 ml Sahne/Rahm
5 Thymianzweige
5 Eigelbe · 90 g feiner Zucker
60 g brauner Rohrzucker

3 – Den Backofen auf 95 °C vorheizen (siehe
Garen S. 4). Die Creme behutsam in feuerfeste
Porzellan- oder Keramikförmchen verteilen
und nebeneinander in den Ofen stellen. Je nach
Größe der Förmchen 60–75 Minuten garen. Die
Cremes sind fertig, wenn sie gestockt sind und
sich eine helle Haut gebildet hat. Leicht abküh-
len lassen und in den Kühlschrank stellen.

Miel et
Romarin

CREME MIT ROSMARIN

120 ml Milch · 350 ml Sahne/Rahm
2 Rosmarinzweige
60 g Honig · 5 Eigelbe
30 g feiner Zucker
60 g brauner Rohrzucker

4 – Vor dem Servieren die Cremes
gleichmäßig mit braunem Rohrzucker bestreuen und mit einem
Gasbrenner karamellisieren (siehe
Karamellisieren S. 4).

crème brûlée mit kandiertem ingwer

60 g kandierter Ingwer
100 ml Milch
350 ml Sahne/Rahm
5 Eigelbe
60 g feiner Zucker
50 g brauner Rohrzucker

zubereitung

30 g kandierten Ingwer fein hacken. Milch, Sahne und gehackten Ingwer bei kleiner Hitze in einem Topf kurz aufkochen.

Inzwischen die Eigelbe und den feinen Zucker in einer Schüssel cremig rühren. Die heiße Milchsahne hinzugießen und alles gut mischen. Die Creme in einer Schüssel mindestens 2 Stunden im Kühlschrank ruhen lassen.

garen

Den Backofen auf 95 °C vorheizen (siehe Garen S. 4).

Die Ingwercreme behutsam in feuerfeste Porzellan- oder Keramikförmchen verteilen und nebeneinander in den Backofen stellen. Je nach Größe der Förmchen 60–75 Minuten garen. Die Cremes sind fertig, wenn sie gestockt sind und sich eine helle Haut gebildet hat. Leicht abkühlen lassen und in den Kühlschrank stellen.

Vor dem Servieren gleichmäßig mit braunem Rohrzucker bestreuen und mit einem Gasbrenner karamellisieren (siehe Karamellisieren S. 4).

Die Cremes mit einer Scheibe kandiertem Ingwer garniert servieren.

crème brûlée »indisch«

100 ml Milch
350 ml Sahne/Rahm
10 g Kardamomsamen
    (oder 4–5 Prisen Pulver)
20 ml Orangenblütenwasser
5 Eigelbe
90 g feiner Zucker
30 g brauner Rohrzucker

zubereitung

Die Milch, die Sahne und den Kardamom in einem Topf bei kleiner Hitze kurz aufkochen. Das Orangenblütenwasser hinzufügen, vom Herd nehmen und etwas ziehen lassen.

Inzwischen die Eigelbe und den feinen Zucker in einer Schüssel cremig rühren.

Die heiße Flüssigkeit durch ein Sieb in die Eigelb-Zucker-Mischung gießen und alles gut mischen. Die Creme mindestens 2 Stunden im Kühlschrank ruhen lassen.

garen

Den Backofen auf 95 °C vorheizen (siehe Garen S. 4).

Die Creme behutsam in feuerfeste Porzellan- oder Keramikförmchen verteilen und nebeneinander in den Ofen stellen. Je nach Größe der Förmchen 60–75 Minuten garen. Die Cremes sind fertig, wenn sie gestockt sind und sich eine helle Haut gebildet hat. Leicht abkühlen lassen und in den Kühlschrank stellen.

karamellisieren

Vor dem Servieren die Cremes gleichmäßig mit braunem Rohrzucker bestreuen und mit einem Gasbrenner karamellisieren (siehe Karamellisieren S. 4).

kokosmilch-crème-brûlée mit passionsfrucht

3–4 Passionsfrüchte (Maracujas),
   heiß abgewaschen
400 ml Kokosmilch, ungesüßt
4 Eigelbe
60 g feiner Zucker
50 g brauner Rohrzucker

zubereitung

Eine Passionsfrucht halbieren und mit einem kleinen Löffel die Kerne und das Fruchtfleisch aus der Schale lösen.

In einem Topf die Kokosmilch mit den Kernen und dem Fruchtfleisch der Passionsfrucht bei kleiner Hitze kurz aufkochen, vom Herd nehmen und einige Minuten ziehen lassen.

Inzwischen Eigelbe und Zucker in einer Schüssel cremig rühren. Die Kokosmilch durch ein Sieb in die Eigelb-Zucker-Mischung gießen und alles gut vermischen.

Die Creme in einer Schüssel mindestens 2 Stunden im Kühlschrank ruhen lassen.

garen

Den Backofen auf 95 °C vorheizen (siehe Garen S. 4).

Die Kokos-Passionsfrucht-Mischung behutsam in feuerfeste Porzellan- oder Keramikförmchen verteilen. Nun jeweils 1/2 Passionsfrucht vorsichtig in jede Schale legen. Förmchen nebeneinander in den Backofen stellen. Die Cremes sind fertig, wenn sie gestockt sind und sich eine helle Haut gebildet hat. Leicht abkühlen lassen und in den Kühlschrank stellen.

karamellisieren

Vor dem Servieren die Cremes mit braunem Rohrzucker bestreuen und mit einem Gasbrenner karamellisieren (siehe Karamellisieren S. 4).

crème brûlée mit rumrosinen

RUMROSINEN
70 g feiner Zucker
80 g Rosinen
5 cl brauner Rum

CREME
100 ml Milch
3 Eigelbe
50 g feiner Zucker
300 ml Sahne/Rahm, kalt
40 g brauner Rohrzucker

zubereitung rumrosinen (am vorabend)

Den feinen Zucker mit 70 ml Wasser in einem kleinen Topf zum Kochen bringen. Vom Herd ziehen, Rosinen und Rum hinzufügen und beiseitestellen.

zubereitung creme

In einem Topf die Milch bei kleiner Hitze kurz aufkochen.

Inzwischen Eigelbe und den feinen Zucker in einer Schüssel cremig rühren. Die kalte Sahne und 2–3 EL Rumsirup durch ein Sieb dazugießen und verrühren. Anschließend die heiße Milch zugießen und alles gut vermischen. Die Creme in einer Schüssel mindestens 2 Stunden im Kühlschrank ruhen lassen.

garen

Den Backofen auf 95 °C vorheizen (siehe Garen S. 4).

Die Rosinen abtropfen lassen, in kleine feuerfeste Porzellan- oder Keramikförmchen verteilen und mit der Creme bedecken. Nebeneinander auf ein Blech stellen und je nach Größe der Förmchen 60–75 Minuten im Ofen garen. Die Cremes sind fertig, wenn sie gestockt sind und sich eine helle Haut gebildet hat. Leicht abkühlen lassen und in den Kühlschrank stellen.

karamellisieren

Vor dem Servieren die Cremes mit wenig braunem Rohrzucker bestreuen und mit einem Gasbrenner karamellisieren (siehe Karamellisieren S. 4).

crème brûlée mit frischem obst

1/2 Vanillestange
100 ml Milch
5 Eigelbe
90 g feiner Zucker
350 ml Sahne/Rahm
ca. 400 g frisches Obst nach
   Geschmack (z. B. rote Beeren,
   Kiwis oder Mangos)
60 g brauner Rohrzucker

zubereitung

Die Vanillestange der Länge nach aufschneiden, das Mark herausschaben und in der Milch in einem Topf bei kleiner Hitze kurz aufkochen.

Inzwischen Eigelbe mit Zucker in einer Schüssel cremig rühren.

Die Sahne zugießen und gut mischen. Anschließend die heiße Milch zugießen und alles gut verrühren.

Die Creme in einer Schüssel mindestens 2 Stunden im Kühlschank ruhen lassen.

garen

Den Backofen auf 95 °C vorheizen (siehe Garen S. 4).

Die Creme behutsam in feuerfeste Porzellan- oder Keramikförmchen verteilen und nebeneinander in den Ofen stellen. Je nach Größe der Förmchen 75–90 Minuten garen. Die Cremes sind fertig, wenn sie gestockt sind und sich eine helle Haut gebildet hat. Leicht abkühlen lassen und in den Kühlschrank stellen.

Das Obst, das Sie gewählt haben, je nach Sorte waschen, putzen, eventuell schälen und/oder in Stücke schneiden.

karamellisieren

Vor dem Servieren die Cremes jeweils zur Hälfte mit braunem Rohrzucker bestreuen. Mit einem Gasbrenner die Zuckeroberfläche karamellisieren (siehe Karamellisieren S. 4) und das frische Obst auf den nicht karamellisierten Hälften verteilen.

apfel-crème-brûlée

KARAMELLISIERTE ÄPFEL

3 Äpfel (Golden Delicious,
   Reinette, Jonagold)
50 g feiner Zucker
25 g leicht gesalzene Butter

CREME

1/2 Vanillestange
120 ml Milch
4 Eigelbe
70 g feiner Zucker
350 ml Sahne/Rahm, kalt
40 g brauner Rohrzucker

zubereitung karamellisierte äpfel

Die Äpfel schälen, entkernen und, je nach Größe Ihrer Förmchen, in entsprechend dicke Spalten schneiden.

Den feinen Zucker in einer Pfanne leicht karamellisieren lassen. Äpfel und Butter hinzufügen, umrühren und bei kleiner Hitze 2–3 Minuten köcheln lassen. Anschließend abkühlen lassen.

zubereitung creme

Die Vanillestange der Länge nach aufschneiden, das Mark herausschaben und die Milch in einem Topf bei kleiner Hitze kurz aufkochen.

Inzwischen Eigelbe und den feinen Zucker in einer Schüssel cremig rühren.

Die kalte Sahne zugießen und gut unterrühren. Anschließend die heiße Milch hinzugießen und alles gut vermischen. Die Creme in einer Schüssel mindestens 2 Stunden kühl stellen.

garen

Den Backofen auf 95 °C vorheizen (siehe Garen S. 4).

Die karamellisierten Äpfel sorgfältig in feuerfeste Keramikförmchen verteilen und zu 3/4 mit Vanillecreme bedecken. Nebeneinander in den Ofen stellen und je nach Größe der Förmchen 60–75 Minuten garen. Die Cremes sind fertig, wenn sie gestockt sind und sich eine helle Haut gebildet hat. Leicht abkühlen lassen und in den Kühlschrank stellen.

karamellisieren

Vor dem Servieren leicht mit braunem Rohrzucker bestreuen und mit einem Gasbrenner karamellisieren (siehe Karamellisieren S. 4).

crème brûlée mit feigen und trauben

¹/₂ Vanillestange
500 ml Sahne/Rahm
6 Eigelbe
70 g feiner Zucker
6–8 frische Feigen
2 helle Weintraubenrispen
40 g brauner Rohrzucker

zubereitung

Die Vanillestange der Länge nach aufschneiden, das Mark herausschaben und in der Sahne in einem Topf bei kleiner Hitze kurz aufkochen.

Inzwischen die Eigelbe und den feinen Zucker in einer Schüssel cremig rühren. Die heiße Sahne zugießen und unterrühren.

Die Creme in einer Schüssel mindestens 2 Stunden im Kühlschrank ruhen lassen.

garen

Den Backofen auf 95 °C vorheizen (siehe Garen S. 4).

Feigen und Trauben waschen und putzen. Feigen vierteln. Feuerfeste Porzellan- oder Keramikförmchen jeweils zur Hälfte mit Trauben und Feigen belegen und mit der Vanillecreme bedecken.

Nebeneinander auf ein Blech stellen und je nach Größe der Förmchen im Ofen 60–75 Minuten garen. Die Cremes sind fertig, wenn sie gestockt sind und sich eine helle Haut gebildet hat. Leicht abkühlen lassen und in den Kühlschrank stellen.

karamellisieren

Vor dem Servieren die Cremes mit wenig braunem Rohrzucker bestreuen und mit einem Gasbrenner karamellisieren (siehe Karamellisieren S. 4).

maronen-crème-brûlée

400 ml Sahne/Rahm
4 Eigelbe
30 g feiner Zucker
200 g Maronencreme
Maronen / Esskastanien in Sirup
   nach Geschmack
50 g Vollrohrzucker

zubereitung

Die Sahne bei kleiner Hitze in einem Topf kurz aufkochen.

Inzwischen die Eigelbe und den feinen Zucker in einer Schüssel cremig rühren.

Die Maronencreme hinzufügen und gut unterrühren.

Anschließend die heiße Sahne hinzugießen und alles gut vermischen. Die Creme in einer Schüssel mindestens 2 Stunden im Kühlschrank ruhen lassen.

garen

Den Backofen auf 95 °C vorheizen (siehe Garen S. 4).

Die Creme und nach Geschmack ein paar gehackte Maronen behutsam in feuerfeste Porzellan- oder Keramikförmchen verteilen und nebeneinander in den Backofen stellen. Je nach Größe der Förmchen im Ofen 60–75 Minuten garen. Die Cremes sind fertig, wenn sie gestockt sind und sich eine helle Haut gebildet hat. Leicht abkühlen lassen und in den Kühlschrank stellen.

karamellisieren

Vor dem Servieren die Cremes gleichmäßig mit Vollrohrzucker bestreuen und mit einem Gasbrenner karamellisieren (siehe Karamellisieren S. 4).

honig-crème-brûlée mit grapefruit

500 ml Sahne/Rahm
50 g Honig
6 Eigelbe
200 g feiner Zucker
3 Grapefruits mit rotem
    Fruchtfleisch
40 g brauner Rohrzucker

zubereitung

Die Sahne und den Honig in einem Topf bei kleiner Hitze kurz aufkochen.

Inzwischen die Eigelbe und den feinen Zucker in einer Schüssel cremig rühren. Anschließend die heiße Sahne zugießen und verrühren.

Die Creme in einer Schüssel mindestens 2 Stunden kühl stellen.

Die Grapefruits so schälen, dass die weiße Haut vollständig entfernt wird. Mit einem scharfen Messer die Fruchtfleischfilets zwischen den Trennhäuten herausschneiden und auf Küchenpapier trocken tupfen.

garen

Den Backofen auf 95 °C vorheizen (siehe Garen S. 4).

Die Grapefruits sorgfältig in feuerfeste Porzellan- oder Keramikförmchen verteilen und mit der Creme bedecken. Je nach Größe der Förmchen im Ofen 60–75 Minuten garen. Die Cremes sind fertig, wenn sie gestockt sind und sich eine helle Haut gebildet hat. Leicht abkühlen lassen und in den Kühlschrank stellen.

karamellisieren

Vor dem Servieren die Cremes mit wenig braunem Rohrzucker bestreuen und mit einem Gasbrenner karamellisieren (siehe Karamellisieren S. 4).

zitronengras-crème-brûlée mit erdbeeren

½ Stängel Zitronengras
120 ml Milch
350 ml Sahne/Rahm
5 Eigelbe
90 g feiner Zucker
40 g brauner Rohrzucker
250 g Erdbeeren

zubereitung

Zitronengras klein schneiden (evtl. harte äußere Schichten abziehen). Milch, Sahne und Zitronengras bei kleiner Hitze kurz aufkochen, vom Herd nehmen und einige Minuten ziehen lassen.

Inzwischen Eigelbe und den feinen Zucker in einer Schüssel cremig rühren.

Die heiße Milchsahne durch ein Sieb in die Eigelb-Zucker-Mischung gießen und alles gut vermischen. Die Creme in einer Schüssel mindestens 2 Stunden kühl stellen.

garen

Den Backofen auf 95 °C vorheizen (siehe Garen S. 4).

Die Zitronengrascreme vorsichtig in feuerfeste Porzellan- oder Keramik-förmchen verteilen und nebeneinander in den Backofen stellen. Je nach Größe der Förmchen im Ofen 60–75 Minuten garen. Die Cremes sind fertig, wenn sie gestockt sind und sich eine helle Haut gebildet hat. Leicht abkühlen lassen und in den Kühlschrank stellen.

karamellisieren

Vor dem Servieren gleichmäßig mit braunem Rohrzucker bestreuen. Mit einem Gasbrenner karamellisieren (siehe Karamellisieren S. 4).

Die Erdbeeren waschen, putzen, in Stücke schneiden und zu den Cremes reichen.

nuss-nougat-crème-brûlée

300 ml Milch
200 ml Sahne/Rahm
150 g Nuss-Nougat-Creme
5 Eigelbe
40 g feiner Zucker
60 g brauner Rohrzucker

zubereitung

Milch, Sahne und Nuss-Nougat-Creme in einem Topf bei kleiner Hitze kurz aufkochen.

Inzwischen die Eigelbe und den feinen Zucker in einer Schüssel cremig rühren. Anschließend die heiße Milchsahne zugießen und unterrühren.

Die Creme in einer Schüssel mindestens 2 Stunden kühl stellen.

garen

Den Backofen auf 95 °C vorheizen (siehe Garen S. 4).

Die Creme in feuerfeste Porzellan- oder Keramikförmchen verteilen und nebeneinander in den Backofen stellen. Die Cremes je nach Größe der Förmchen im Ofen 60–75 Minuten garen. Sie sind fertig, wenn sie gestockt sind und sich eine helle Haut gebildet hat. Leicht abkühlen lassen und in den Kühlschrank stellen.

karamellisieren

Vor dem Servieren die Cremes gleichmäßig mit braunem Rohrzucker bestreuen und mit einem Gasbrenner karamellisieren (siehe Karamellisieren S. 4).

crème brûlée mit orangenlikör und weißer schokolade

350 ml Sahne/Rahm
120 g weiße Schokolade
6 Eigelbe
50 ml Orangenlikör, z. B. Cointreau
60 g brauner Rohrzucker

zubereitung

Die Sahne in einem Topf bei kleiner Hitze kurz aufkochen.

Inzwischen die Schokolade in kleinen Stückchen in eine Schüssel geben. Die heiße Sahne darübergießen und gut verrühren, bis die Schokolade geschmolzen ist. Anschließend Eigelbe und Cointreau zugeben und alles gut mischen.

Die Creme in einer Schüssel mindestens 2 Stunden kühl stellen.

garen

Den Backofen auf 95 °C vorheizen (siehe Garen S. 4).

Die Schokoladencreme vorsichtig in feuerfeste Porzellan- oder Keramik-förmchen verteilen und nebeneinander in den Backofen stellen. Die Cremes je nach Größe der Förmchen im Ofen 60–75 Minuten garen. Sie sind fertig, wenn sie gestockt sind und sich eine helle Haut gebildet hat. Leicht abkühlen lassen und in den Kühlschrank stellen.

karamellisieren

Vor dem Servieren die Cremes gleichmäßig mit braunem Rohrzucker bestreuen und mit einem Gasbrenner karamellisieren (siehe Karamelli-sieren S. 4).

dreierlei schokoladencreme

DUNKLE SCHOKOLADENCREME
250 ml Milch
250 ml Sahne/Rahm
5 Eigelbe
70 g feiner Zucker
125 g dunkle Schokolade

MILCHSCHOKOLADENCREME
150 ml Milch
400 ml Sahne/Rahm
4 Eigelbe
60 g feiner Zucker
140 g Vollmilchschokolade

WEISSE SCHOKOLADENCREME
400 ml Sahne/Rahm
130 g weiße Schokolade
6 Eigelbe

zubereitung dunkle und vollmilchcreme

Milch und Sahne jeweils in einem Topf bei kleiner Hitze kurz aufkochen.

Inzwischen die Eigelbe und den feinen Zucker jeweils in einer Schüssel cremig rühren.

Die in kleine Stückchen gehackte Schokolade jeweils zur heißen Milchsahne geben und verrühren, bis die Schokolade geschmolzen ist. Anschließend in die Eigelb-Zucker-Mischung gießen und gut vermischen.

zubereitung weiße schokoladencreme

Die Sahne in einem Topf bei kleiner Hitze kurz aufkochen.

Inzwischen die in kleine Stückchen gehackte Schokolade in eine Schüssel geben. Die heiße Sahne darübergießen unf gut verrühren, bis die Schokolade geschmolzen ist. Dann die Eigelbe dazugeben und gut vermischen.

Die verschiedenen Cremes jeweils in feuerfeste Tässchen füllen und mindestens 2 Stunden kühl stellen.

garen

Den Backofen auf 95 °C vorheizen (siehe Garen S. 4).

Die Schokoladencremes vorsichtig in eine halb mit Wasser gefüllte Fettpfanne stellen. Die Cremes je nach Größe der Tässchen im Wasserbad 60–75 Minuten garen. Sie sind fertig, wenn sie gestockt sind und sich eine helle Haut gebildet hat.

Bis zum Servieren die leicht abgekühlten Cremes in den Kühlschrank stellen.

pistaziencreme mit schokoladensauce

120 ml Milch
60 g Pistazien-Aromapaste
4 Eigelbe
70 g feiner Zucker
350 ml Sahne/Rahm, kalt
300 ml Schokoladensauce

zubereitung

Milch und Pistazienpaste in einem Topf bei kleiner Hitze kurz aufkochen.

Inzwischen die Eigelbe und den feinen Zucker in einer Schüssel cremig rühren. Die kalte Sahne zugießen und alles gut verrühren.

Anschließend die heiße Pistazienmilch dazugießen und alles gut vermischen. Die Creme in einer Schüssel mindestens 2 Stunden kühl stellen.

garen

Den Backofen auf 95 °C vorheizen (siehe Garen S. 4).

Die Pistaziencreme behutsam in feuerfeste Porzellan- oder Keramikförmchen verteilen und nebeneinander in den Ofen stellen. Die Cremes je nach Größe der Förmchen im Ofen 60–75 Minuten garen. Sie sind fertig, wenn sie gestockt sind und sich eine helle Haut gebildet hat. Leicht abkühlen lassen und in den Kühlschrank stellen.

Vor dem Servieren die Schokoladensauce leicht erwärmen und die Cremes nach Geschmack damit überziehen.

minzecreme mit knusperschokolade

100 ml Milch
350 ml Sahne/Rahm
10 Blätter frische Minze
20 ml Minzesirup
5 Eigelbe
80 g feiner Zucker
125 g dunkle Kuvertüre
ein paar Tropfen neutrales Öl

zubereitung

Milch, Sahne und Minzeblätter bei kleiner Hitze in einem Topf kurz aufkochen. Den Minzesirup zugießen, vom Herd nehmen und einige Minuten ziehen lassen.

Inzwischen die Eigelbe und den Zucker in einer Schüssel cremig rühren.

Die heiße Milchsahne durch ein Sieb zur Eigelb-Zucker-Mischung geben und alles gut vermischen.

Die Creme in einer Schüssel mindestens 2 Stunden kühl stellen.

garen

Die Creme in feuerfeste Porzellan- oder Keramiktässchen verteilen und nebeneinander in eine halb mit Wasser gefüllte Fettpfanne stellen.

Nun jedes Tässchen vorsichtig noch weiter bis zum Rand mit der Creme auffüllen. Im Wasserbad je nach Größe der Tässchen 60–75 Minuten garen. Die Cremes sind fertig, wenn sie gestockt sind und sich eine helle Haut gebildet hat. Leicht abkühlen lassen und in den Kühlschrank stellen.

serviervorschlag

Wenn die Cremes kalt sind, die dunkle Kuvertüre mit ein paar Tropfen neutralem Öl in einer Schüssel über dem Wasserbad schmelzen. Mithilfe eines Pinsels jede Creme vorsichtig mit einer dünnen Kuvertürenschicht überziehen. Die Förmchen mindestens 15 Minuten in den Kühlschrank stellen, damit der Schokoladendeckel richtig hart und knusprig wird.

crème brûlée mit karamellbonbons

300 ml Milch
200 ml Sahne/Rahm
20 Karamell-Kaubonbons (160 g)
5 Eigelbe
60 g Rohrzucker

zubereitung

Milch, Sahne und Karamellbonbons in einem Topf bei kleiner Hitze kurz aufkochen. Vorsichtig umrühren, damit sich die Karamellbonbons gut auflösen. Anschließend vom Herd nehmen und die Eigelbe hinzufügen.

Die Creme abkühlen lassen und in einer Schüssel im Kühlschrank mindestens 2 Stunden ruhen lassen.

garen

Den Backofen auf 95 °C vorheizen (siehe Garen S. 4).

Die Creme in feuerfeste Porzellan- oder Keramikförmchen verteilen und nebeneinander in den Backofen stellen. Die Cremes je nach Größe der Förmchen 60–75 Minuten garen. Sie sind fertig, wenn sie gestockt sind und sich eine helle Haut gebildet hat. Leicht abkühlen lassen und in den Kühlschrank stellen.

karamellisieren

Vor dem Servieren die Cremes gleichmäßig mit braunem Rohrzucker bestreuen und mit einem Gasbrenner karamellisieren (siehe Karamellisieren S. 4).

crème brûlée mit zichorie

100 ml Milch
5 Eigelbe
90 g feiner Zucker
350 ml Sahne/Rahm, kalt
25 ml Zichorienextrakt*
40 g brauner Rohrzucker

....

* Flüssiger Zichorienextrakt ist in Frankreich ein gängiges Gewürz, bei uns ist eher der Zichorienkaffee (ein pflanzlicher Kaffee-Ersatz) bekannt. Ein Löffel Zichorienextrakt lässt sich durch 2 Löffel Zichorienpulver, das mit Wasser aufgelöst wurde, ersetzen.

zubereitung

Die Milch bei geringer Hitze in einem Topf kurz aufkochen.

Inzwischen die Eigelbe und den feinen Zucker in einer Schüssel cremig rühren. Die kalte Sahne und Zichorie-Extrakt hinzugeben und verrühren.

Anschließend die heiße Milch zur Eigelb-Zucker-Mischung gießen und alles gut vermischen.

Die Creme in einer Schüssel im Kühlschrank mindestens 2 Stunden ruhen lassen.

garen

Den Backofen auf 95 °C vorheizen (siehe Garen S. 4).

Die Zichoriencreme in feuerfeste Porzellan- oder Keramikförmchen verteilen und nebeneinander in den Backofen stellen. Die Cremes je nach Größe der Förmchen 60–75 Minuten garen. Sie sind fertig, wenn sie gestockt sind und sich eine helle Haut gebildet hat. Leicht abkühlen lassen und in den Kühlschrank stellen.

karamellisieren

Vor dem Servieren die Cremes gleichmäßig mit braunem Rohrzucker bestreuen und mit einem Gasbrenner karamellisieren (siehe Karamellisieren S. 4).

espressocreme

4 Eigelbe
60 g feiner Zucker
250 ml Sahne/Rahm, kalt
150 ml heißer Espresso
etwas Vollmilch
einige Tropfen Kaffee-Extrakt
  nach Geschmack
einige Eiswürfel

zubereitung

Die Eigelbe und den feinen Zucker in einer Schüssel cremig rühren. Die kalte Sahne zugießen und unterrühren.

Anschließend den heißen Espresso zugießen und alles gut vermischen.

Die Creme in einer Schüssel mindestens 2 Stunden im Kühlschrank ruhen lassen.

garen

Die Espressocreme vorsichtig in kleine feuerfeste Tassen verteilen und in eine zur Hälfte mit Wasser gefüllte Fettpfanne stellen. Im Wasserbad je nach Größe der Tassen 60–75 Minuten garen. Die Cremes sind fertig, wenn sie gestockt sind und sich eine helle Haut gebildet hat. Leicht abkühlen lassen und in den Kühlschrank stellen.

serviervorschlag

Vor dem Servieren etwas Vollmilch und Kaffee-Extrakt mit 2–3 Eiswürfeln in einem Shaker gut schütteln. Den dabei entstehenden Milchschaum über den Espressocremes verteilen.

crème brûlée mit salzigem karamell

125 g feiner Zucker
5 g Fleur de Sel (oder feines
 Meersalz)
300 ml Milch
200 ml Sahne/Rahm
5 Eigelbe
40 g brauner Rohrzucker

zubereitung

Den Zucker mit etwas Wasser (das Wasser soll den Zucker gerade bedecken) in einem sauberen Topf bei mittlerer Hitze ohne Rühren aufkochen.

Sobald sich die Masse braun verfärbt, leicht rühren, damit der Karamell gleichmäßig bräunt. Topf vom Herd nehmen, das Salz zufügen und vorsichtig die Milch einrühren. Unter ständigem Rühren bei kleiner Hitze kurz aufkochen, um den Karamell in der Milch aufzulösen.

Topf vom Herd nehmen, Sahne zugießen und anschließend die Eigelbe unterrühren.

Alles gut mischen und die Creme durch ein feines Sieb in eine Schüssel streichen. Abkühlen lassen und mindestens 2 Stunden im Kühlschrank ruhen lassen.

garen

Den Backofen auf 95 °C vorheizen (siehe Garen S. 4).

Die Creme in feuerfeste Porzellan- oder Keramiktöpfchen verteilen und nebeneinander in den Backofen stellen. Die Creme je nach Größe der Förmchen 60–75 Minuten garen. Sie sind fertig, wenn sie gestockt sind und sich eine helle Haut gebildet hat. Leicht abkühlen lassen und in den Kühlschrank stellen.

karamellisieren

Vor dem Servieren die Cremes gleichmäßig mit braunem Rohrzucker bestreuen und mit einem Gasbrenner karamellisieren (siehe Karamellisieren S. 4).

danksagung

Der Autor dankt Charlotte und Élodie für ihre Energie, ihren guten Geschmack, aber auch für ihre Lust am Genießen! Sein Dank gilt ebenso seinen Küchenkomplizen Carine, Jérome und vor allem André dafür, dass sie für die Produktion immer verfügbar waren. Und zu guter Letzt dankt er Christophe, der Mannschaft vom Café Noir und dem Marabout-Team. Der deutsche Verlag dankt Emile Henry Deutschland für die Bereitstellung des Titelmotivs.

hinweise & abkürzungen

Die verwendeten Porzellan- oder Keramikförmchen sollten flach, klein und feuerfest sein, damit die Cremes gleichmäßig darin stocken können. Empfehlenswert ist ein Durchmesser von 10–12 cm und eine Höhe von max. 4 cm. Die verwendeten feuerfesten Töpchen sind 6 cm hoch und besitzen einen Durchmesser von 5 cm.

Um den braunen Zucker zum Karamellisieren gleichmäßig auf den Cremes zu verteilen, gibt es einen guten Trick: Den gesamten Zucker auf eine Creme geben und das Förmchen hin und her bewegen, bis sich der Zucker verteilt hat. Nun den überschüssigen Zucker aus dem einen Förmchen in das nächste Förmchen schütten, und den Vorgang so fortsetzen, bis alle Cremes mit Zucker bedeckt sind. Es bleibt jeweils eine gleichmäßige Schicht Zucker hängen, der Rest wandert ins nächste Förmchen.

Es werden für alle Zutaten Eier der Größe L (groß), Güteklasse A, verwendet.

Falls Zesten und Schalen von Zitrusfrüchten vorgesehen sind, bitte darauf achten, dass es unbehandelte Biofrüchte sind.

Die in den Rezepten verwendete Fettpfanne ist identisch mit einem tiefen Blech oder einer sogenannten Saftpfanne.

g = Gramm · cl = Zentiliter = 1/100 Liter · ml = Milliliter = 1/1000 Liter

impressum

Die Originalausgabe erschien in Frankreich unter dem Titel »Crèmes brûlées – la veritable recette & ses 38 variations«, © Hachette Livre – Marabout, Paris 2009. · © der französischen Texte: José Maréchal, 2009. **Alle Fotos:** Charlotte Lascève.

4 3 2 | 2014 2013 2012
© für die deutsche Ausgabe Walter Hädecke Verlag, Weil der Stadt 2011. · www.haedecke-verlag.de
Übersetzt aus dem Französischen von Mag. Cornelia Langendorf
Redaktion der deutschen Ausgabe: Dr. Stephanie Kloster, Hamburg
Gestaltung der deutschen Ausgabe: Julia Graff, Design & Produktion, Stuttgart

ISBN 978-3-7750-0592-0 · Printed in China 2012